시 한 순갈
별 한 사발

정경화단시조선집

목언예원

시 한 숟갈
별 한 사발

지은이 · 정경화
펴낸이 · 민병도
펴낸곳 · 목언예원

초판 인쇄 : 2021년 12월 10일
초판 발행 : 2021년 12월 15일

목언예원
출판등록 : 2003년 2월 28일 제8호
경북 청도군 금천면 선바위길 53 (신지2리 390-2)
전화 : 054-371-3544 (팩스겸용)
E-mail : mbdo@daum.net

ISBN 978-89-94733-06-7 03810

이 도서는 2021 경북 예술인 창작활동 준비금 지원 사업으로 발간되었습니다.

GACF 경북문화재단

값 10,000원

시 한 숟갈
별 한 사발

정경화단시조선집

목언예원

시인의 말

이제 겨우
물의 마음 알겠고
이제 겨우
풀꽃의 말 들리고
바람의 길이 보이는데

내가
물로 흐르는 일
내가
풀꽃으로 서는 일
바람으로 닿는 일은
아직도 아득하다

멀기에 또
서두른다

2021년 겨울
정 경 화

CONTENTS

시 한 순갈 별 한 사발

— 정경화 단시조 선집

PART 03 | 물컹하던 소금의 길 • 49

PART 05 | 이념의 빈 숟가락 • 83

더 촘촘히 가는 길

01

차꽃

찬바람 껴안으며
서늘히 오는 여자

마지막 가을 햇살
알뜰히 덧바르고

과감히
사랑을 등지고
한 세상 가는 여자

반박음질

단숨에 시쳐가서
매듭지으면 안 되나

언제나 뾰로통해진
뒤태를 다독인다

사랑은
반쯤 되돌아갔다
더 촘촘히 가는 것

현수교

아슬히 걸린 기도
그 기도의 꼭지점과

가늘게 늘인 노래
그 노래의 소실점이

1밀리 오차도 없이
팽팽하게 당긴다, 너

상사화

그가 섬에 오는데
나는 섬을 떠나네

너울너울 너울파도
뱃길은 또 어긋나

나 대신 그는 갇히고
나는 홀로 떠도네

추섬 민박

고동 소리 아주 끊긴
봄밤이 익어가네

섬의 문살 칸칸마다
고사리빛 등을 끄면

바다를 뒤집어쓴 채
철썩철썩 어느 초야初夜

못

그대를 다 적셔주어도
나 마르지 않으리

그대를 다 받아주어도
나 넘치지 않으리

한 천년
변치 않는 물결,
고여 있어 더 좋은

첫눈

별빛을 찍어왔나
달빛을 솎아왔나

온기도 없는 것이
어찌나 따뜻한지

밤 꼬박
안고 뒹굴며
설레는 프러포즈

종이꽃

마지막 꽃잎 지고 이별처럼 비 내리면

눅눅해진 약속들을 다림질하는 얇은 꿈

다시금 너를 접는다 나를 넣어 접는다

번개가 맛있다

그가 치는
번개는
오싹오싹
맛있다

천둥까지
돌돌 말아
홑이불로
덮어쓰고

달콤히
튀겨서 먹는다
한 버지기
야식 사랑

봄, 물소리

운문 계곡 너럭바위
천년의 사타구니를

사릉사릉 호르르릉
감고 풀고 풀고 감네

지극한
저 교태에도
끄떡 않는 소리길

가루비야 가루비야

그대는 2월 적벽!
나는야 봄비야요

색시비, 자드락비
오란비로 거듭나다

솔솔솔
칼금에 스미는
시詩야요 별이야요

*자드락비 : 소나기
*오란비 : 장맛비

철거 예정지

끈적한 미끼였나
'철거'라는 붉은 글씨

옳다구나 몰래 넘는
들고양이 한 쌍 있다

사랑은
거미줄 아래도
꽃밭 되어 엉기는 일

그믐달

이
제
그만
놓아
버릴까

속을
다 파낸
그리움

달랑
남은
가슴
한 끝

저미어
끼우려
해도

도무지
열리지
않는

그대
앞섶
단춧
구
멍

명자꽃

그 흔한 고화古畫에도
배경인 적 없었는데

이름마저 촌스러워
부르는 이 없었는데

어쩌나
촌부의 늦봄,
종일 붉게 적시네

그때는 그랬데이

머시마가 치는 번개는
담 밑에서 번쩍했데이

농익은 가시나 맴이
후딱 넘찌도 못하고

우짜꼬
눈치만 보다
먹천둥만 울고 안 갔나

스테이목아

내 머물
집이 아니라
그대 쉴
집입니다

홀로 누릴
빛이 아니라
함께 밝힐
어둠입니다

밤새워
따끈히 데워줄
시 한 숟갈
별 한 사발

02

칼보다 푸른 찬물

새벽노을

장갑 한 쌍 도로 위에
납작하게 누웠다

한날한시 함께 가자던
우리의 약속처럼

깍지 낀 손가락 사이
붉게 피는 겹동백

담금질

내 안에 내가 많아
가시 같은 내가 많아

뜨거운 그대 노래
뜨거워서 식을까봐

차라리
칼보다 푸른
찬물 속에 가둔다.

대우헌大愚軒

꽃과 함께 산다는 건 중정을 내주는 것

나무와 산다는 건 마당도 다 내주는 것

그리고 무릎 꿇는 것, 코 박고 엎드리는 것

그림자 백서 1

싹 함께 틔웠다고 같은 꽃이 될 수 없다

잎 함께 떨군다고 같은 나무 될 순 없다

뿌리를 함께 섬겨야 비로소 하나 된다

그림자 백서 2

주어진 궤도 안을
떠도는 지킴이었다

활활 타는 4월 오면
꽃잎 흔적 다 지우고

깨끗이 사라져야지
우리별 1호처럼

그림자 백서 3

어여쁜 꽃이라면
나도 따라 필 수 있어

과감한 열매라면
나도 따라 뛰어내릴게

휘영청 달빛이라니
강물 속에 흔들릴밖에

그림자 백서 5

부서진 기와 모아
탑을 쌓는 한 사람

와르르 무너져도
쌓고 또 쌓는 사람,

그 틈새 자갈돌 고아
채워가는 또 한 사람

그림자 백서 6

그의 낫, 지나간 길
땀내가 흥건하다

잡초의 질긴 뼈와
욕망을 솎아낸 자리,

샅샅이
쓸어 담지만
내겐 멀다 그 내음

그림자 백서 7

돋을볕 오기도 전
날마다 울려주는

똑같은 잔소리도
가슴 한켠 알람입니다

부스스 뒤척이다가도
화들짝 깨어나는

씨앗

내 숲이 가난하여
터를 다시 갈았습니다

키 낮은 풀꽃에게서
속이 텅 빈 고목에게서

빌려 온
경전經典 한 구절
봄빛 속에 묻습니다

월식

벨소리가 다급하다
저 순간 놓치지 마라고

보이는 게 다가 아니라
있는데 가려질 뿐이라고

그는 늘 달빛 점 치고
나는 늘 그를 듣는다

연민저울

흐르는 강물 안에
갇혀 우는 물풀 있다

흔들리는 갈대 안에
몰래 우는 물새 있다

그쳐라
가여운 건, 바로
나를 재는 내 눈이다

모닝콜

붉은 목젖
고이 삭힌
가야 솔숲
뻐꾹새로

푸른 목청
꼭꼭 재운
동해 바다
돌고래로

그대를
깨우기 위해
언제라도
웁니다

낮별

이웃집 박꽃들이
돌담 너머 날름댄다

씨앗은 심지 않고
별만 헤는 시인에게

땅에도 별은 있다고,
고개 숙여 보란다

밤바다를 읽다

풀벌레가 오래 울자
잠긴 달이 걸어 나왔다

침묵과 아우성의
협연이 시작되었다

어둠이
그대를 밝혀
내가 보이지 않았다

월송月松

하늘이 다 제 것인데
함부로 갖지 않았네

가끔은 꺾일 줄 알고
저만치 돌아가기도 해

달빛이 안겨오는 밤
아, 부끄럽지 않았네

*月松 : 민병도의 그림

뿌리 경전

서로를 등지듯이
떠날 것도 아니면서

무량한 어둠 속을
파고드는 천수관음千手觀音

빛바랜 사경 밖으로
꽃 한 송이 밀어낸다.

비보호

퇴근길 사거리에
그믐달이 걸렸네

아무리 살펴봐도
호각소리 안 들리네

잽싸게 유턴을 해도
길은 더욱 멀었네

물컹하던 소금의 길

03

손도마

골목시장 묵집 할매는
손바닥이 도마다

단단한 나무가 된
물컹하던 손금의 길

수십 년
난전에 내놓은
값을 잃은 골동이다

소품이 되다

명품백의 행차에 내 어깨는 가방걸이다

혹시나 비 젖을까 어쩌다 스크래치 날까

꼼짝도 하지 못하는, 나는 이미 소품이다

누림

바람을 팔짱 끼고
섶마리를 걷습니다

물무늬옷 짜는 수달,
갈대이불 엮는 고라니

달빛의
공동경비구역
날마다 열립니다

부메랑

꽃을 주고 오면
향기는 내게 남았다

욕을 뱉고 나면
그 침은 내게 튀었다

세상은
不二의 노래
되돌아와 안기는 것

나도 꽃

밤이 준 훈장은 왜
분홍빛이 아닐까

별 아래 시 외우고
그 시 속에 달 재웠는데

검버섯
나도 꽃이라며
요기조기 우길 뿐

금국 다비

배냇빛 햇살이
오보에를 키는 한낮

꺾은 꿈, 살짝 쪄서
짭쪼롬한 혼을 품네

바람이
되새김질한
향 깊은 사금파리

가을, 정물

자작나무 숲입니다
텅 빈 미술관 벤치

낙엽이 오래도록
바람을 굴립니다

방치된
11월의 오후,
노부부가 놓입니다

쯧쯧쯧

자인 장날 버스 계단에
할머니가 끙끙 거린다

"다리 힘도 없으민서
장에는 와 댕기능교"

"쯧쯧쯧
장을 봐야 힘 내제
궁디나 좀 받차주소"

칡꽃

꽃을 좋아하지 않는 그를 멈춘 그 꽃,

동창천 밤 물소리 질기도록 씹어 담아

하늘로 쏘아 올리는 그리움의 물구나무

어떤 삽화

칵테일 바 조명 아래
크르르릉 땅이 울었다

잽싸게 튀어 나가는
한 사내의 본능 질주

멍 때린
여친의 술잔엔
규모 9.0의 대지진이…

변명

비에
젖지 않으려고
비 곁으로
가는 사람

가서는,
함께 받칠
옥빛 우산
만든다고

아내는
방 안 가득한 비
이미 젖고
있는데

희롱을 맛보다

실바람 꼬리 잘라 어둠을 놀려대네

물그림자 너울너울, 달빛까지 놀려쌌네

잽싸던 내 손도 후리며 살랑대는 반딧불이

꿀팁

구걸하듯 받는 것은 진짜 팁이 아니다

한 길로 그저 묵묵히 끌어올린 물관부,

정월의 폭설에 터진 납매를 보면 안다

*납매 : 노란 매화

간판이 부른다

동촌 강변 강변상회
오십년 째 젖어있다

물빛에 녹은 과자
아삭아삭 먹는 아이,

궁서체 낡은 손짓이
끌고 오는 빈 배 한 척

어떤 봄날에

퇴근길 공단에는
봄빛마저 지쳤는지

스팸 메일 쉼표처럼
꼬나 앉은 이주노동자

길 건너
매화 향기도
폐수 속에 섞이고

가로등 아래서

까르르 웃음을 밀며
공단 골목 빠져가네

넝쿨처럼 매달리던
땀방울도 꽃이라며

조였던 나사를 풀고
환히 걷는 처녀들

04

다 늦은 동행입니다

찔레꽃

추억이라 말 않을래
알종아리 아띠 생각

설렘이라 말 않을래
돌담 넘는 가시입술

그리움 더욱 말 않을래
분내 가득, 먼 엄마

*아띠 : 친구의 옛말

연

누굴 누
까 굴
저 까
물 저
위를 뻘
소리 속
없이 에
걸 가부
어 좌로
가 앉은
는 이 내 이
여
태

알
지
못
했
네

귀
가
환
한
내
어
머
니

엄마의 방

새장 안 앵무새에게
좁쌀 모이 넣어주듯

삐걱대는 좁은 문으로
한 끼 밥이 들어간다

이승의
사
닥
다
리
가
대롱대롱
삭
아
가
는
방

아기 엄마 1

저물녘 기다려주던
엄마는 나무였네

꼿꼿하던 그 나무가
이제는 푹 주저앉아

누워서
또 기다리는
그루터기 되었네

아기 엄마 2

큼큼한 꽃무늬 시트
뼈가 집인 엄마 곁에

육중한 딸을 뉜다
늘쳐진 젖 조무린다

손사래 없은 미소에
병상이 다 환하다

아기 엄마 3

진홍빛
뜨겁던 입술
혀짜르기
아기 됐네

싸탕 줘,
따리 아파
쒸 마려,
만눤만 줘

그래도
귀여운 엄마
살아있어
고마운

아기 엄마 4

얄미운 응석쟁이 지독한 짜증쟁이

내 4살도 그랬다고 내 사춘긴 더했다고

엄마의 엄마가 되어 당해보래요 호되게

아기 엄마 7

앞니 서너 개라도 불평 없는 울 아가
오물오물 깔끔 떨다 흘리고만 청포도 알
송송송 부끄러움이 젖니 되어 솟네요

아기엄마 8

죽어야지 죽어야지, 왜 이리도 안 죽을꼬

봄 햇살, 봄바람 아래 또 노래를 부르신다

그 박자 맞추지 못해 봄비 되어 젖습니다

아기 엄마 9

어릴 적 싸움닭 친구
외나무다리에서 만났다

이 빠진 앙숙의 칼날
그마저도 녹이 슬고

말 잃고 귀 먹은 지금
사이좋게 쌔쌔쌔*

*손율동 놀이

아기 엄마 10

새소리 물소리
영상으로 담아가면

간신히 실눈 뜨며
쫑긋해진 맑은 엄마

홀로는 오를 수 없는 산,
다 늦은 동행입니다

아기 엄마 11

잠만 자는 아기였다
유리관 속 공주처럼

울지 않는 아기였다
오세암 동자승처럼

그렇게
손 놓으려고
작심한 엄마가 있다

아기엄마 12

더 울어도 괜찮아
눈물 마른 내 아가야

더 보채도 괜찮아
잠만 자는 내 아가야

만 번의 뉘우침에도
듣지 않는 내 엄마야

개골팔죽

개골팔죽 먹고 싶단 힘없는 엄마 목소리에

개구리 잡아 와서 밤새 쑤어 바쳤단다

아홉살 효녀 기집애, 천치 같은 달빛 공양

*개골팔 : 팔의 종류

05

이념의 빈 숟가락

서리꽃

온 세상
파스텔인데
너희만이
원
색
이
다

온 세상
시끄러운데
너희만이
적
막
이
다

갓 배운
어린 농아의
간절한
수
화
같
은

드라이플라워

이 생명 다 하기 전에
영원을 얻는다면

못 박혀 매달리는 건
차라리 황홀한 형장刑場

그건 또 바람의 다비,
꼿꼿이 뼈만 남기는

마음 씨앗

먼 언덕 구절초라더니
뒷도랑 개똥각시였다

눈 맑은 후투티라더니
외눈박이 빼꾸기였다

천하에 드러날 표 한 장
저 혼자만 꿍쳐두는

조옹대釣翁臺*에서

설매雪梅가 그리워한 건
봄빛만이 아니다

큰 산을 낚고 싶었던
진홍빛 신열 끝에

먼 굽이
시간의 협곡
드리워진 단심가

*포은이 낚시를 즐겼다는 임고서원의 정자

사랑이 놀다

철벽이
가로 놓이면
더욱 붉게
피면되지

절반의
화폭에 핀
고혹빛
다알리아가

등 돌린
달빛 아래서
뛰어놀던
다
  락
    방

*월북 화가 이쾌대, 그 부인 유갑봉은 남편의 그림을 아무도 몰래 다락방에 숨겼다가 해금이 되고 난 뒤 세상에 선보였다

반딧불이
—광복 70주년에 부쳐

북만주 덤불에서도
밑불은 횃불이었다

날마다 구겨 넣던
연옥의 마룻바닥

이제는
강강수월래
달빛 들고 강강수월래

감자 꽃

조야 3동 경로당에
신음처럼 꽃 피었네

감춰둔 씨감자로
갈무리던 허기 몇 자루

후미진
그 보릿고개
사금파리 같던 꽃

나리

7월의 적벽 아래
홍자빛 저 품새 좀 봐

여우비 잠시 그친
그 새 누굴 유혹하는지,

함부로 넘보지 못하게
강 하나가 가로 놓인

으름꽃

철없는 동자승이
또 환속을 꿈꾸는지

암자와 벼랑 사이
요령 소리 요란하다

댓잎도 칼을 거두고
고개 숙인 대낮에

칼

폭 삶긴 시래기에
질근질근 씹혔다

조롱도 이쯤이면
서슬은 옛날 얘기

대숲에 바람으로 앉아
서걱서걱, 담금질

물양귀비

누가 저 물밑의
제 그림자 읽고 있나

하루만 돌보지 않아도
저리 쉬 토라지는…

손톱이 죄다 드러난
고깔 씌운 질투심

개똥각시풀*
―꽃제비

국적 잃은 강변에서
숨죽여 떨어야했다

한 올 낯선 옷깃에
와락 안겨들지만

언제나
엄지와 검지 사이
꼭, 집혀서 휙, 버려졌다

*도깨비바늘

동전 수레

폐지 팔아 모은 동전, 수레째 끌고 왔네

더럽다며 팽개칠까 봐 반질반질 닦았다지

휘굽어 등뼈가 맑은, 할머니의 동전 수레

삐라

구름의 유서쯤이라면
꼬깃꼬깃 접어둘 텐데

이념의 빈 숟가락에
흩뿌리는 눈꽃이다

숨겨둔 1달러짜리의
소리 없는 폭격이다

봄, 톳
–제주 4.3에 부쳐

저 바다 어디에도
묻지 못할 타임캡슐

못 다 절인 소금기에
울음을 잠재우고

차라리
머리를 풀어
파도속을 달랜다

부인사 벚꽃

무너진 돌탑 아래
풀잎 하나 눈을 뜨면

가다만 화엄 만 리
뉘우침도 눈부셔라

안으로 문을 잠그고
활활 타는 소지공양